Heute back ich ...

BROT!

Der Weg vom Getreide zum Mehl und viele leckere Rezepte

Lizzie Munsey

Fachliche Beratung
Emily Munsey

DK

Hast du schon mal …

… selbst ein Brot gebacken? Mit ein paar guten Zutaten und den genauen Anleitungen in diesem Buch ist das gar nicht schwer. Entscheide selbst, ob du ein Baguette, ein Vollkornbrot oder süße Milchbrötchen backen willst. Den Teig zu kneten macht richtig Spaß und während er gehen muss, kannst du dir mit spannendem Bäckerwissen die Zeit vertreiben: Was ist Mehl und wie wird es gemacht? Wie wächst Getreide? Was passiert in einer Bäckerei?

Wenn du dann nach deinem Teig schaust, ist es eine spannende Überraschung zu sehen, wie toll er aufgegangen ist. Es ist etwas ganz Besonderes, wenn wenig später schon der Duft von frisch gebackenem Brot durch die Wohnung zieht und du den knusprigen, noch warmen Laib in den Händen hältst.

Lies dir gut die Küchenregeln durch und dann kann es auch schon losgehen.

Viel Spaß beim Backen!

Kneten, Seite 6

Brezeln, Seite 42

Inhalt

Zimtschnecken, Seite 56

Küchenregeln

Backen macht Spaß! Doch es gibt einiges, was du wissen musst, bevor du anfängst. Ein Erwachsener sollte dir bei allen Rezepten im Buch helfen.

SICHERHEIT IN DER KÜCHE

Sei immer vorsichtig.

• Wenn du das Warndreieck siehst, gib besonders gut acht und bitte einen Erwachsenen, dir zu helfen.

• Achtung bei heißen Backöfen und Herdplatten. Kontrolliere immer, ob Backofen oder Herd an sind. Benutze immer **Ofenhandschuhe,** wenn du etwas **Heißes in den Backofen stellst oder herausholst.**

• Nimm dich in Acht, wenn du mit heißen Flüssigkeiten oder heißen Töpfen arbeitest. Verschütte nichts und schütze unbedingt deine Hände (entweder mit Ofenhandschuhen oder einem Topflappen), wenn du etwas Heißes trägst oder festhältst. Wenn du dich doch einmal verbrannt hast, rufe sofort einen Erwachsenen.

• Pass gut auf, wenn du mit einem scharfen Messer oder einer scharfen Reibe arbeitest. Sei vorsichtig, wenn du mit einem großen Messer Brot schneidest.

• Wenn du Elektrogeräte wie Mixer oder Handrührgerät benutzt, berühre bewegliche Teilen nur dann, wenn du das Kabel aus der Steckdose gezogen hast.

Wenn du dir unsicher bist, frag auf jeden Fall immer einen Erwachsenen!

WIEGEN UND MESSEN

Miss und wiege alle Zutaten genau ab. Dafür kannst du eine Küchenwaage, einen Messbecher oder einen Messlöffel benutzen. Hier erfährst du, was die Abkürzungen bedeuten.

Gewichte & Maße

g = Gramm

kg = Kilogramm

ml = Milliliter

cm = Zentimeter

Löffelmaße

TL = Teelöffel

EL = Esslöffel

ZUTATEN UND UTENSILIEN

• Lege vor dem Backen alle Zutaten bereit. Einige Zutaten hast du bestimmt im Haus, andere musst du vielleicht noch kaufen.

• Verwende immer das Mehl, das im Rezept angegeben wird – z. B. Type 405, Type 550 oder Vollkornmehl.

• Nimm für die Rezepte in diesem Buch mittelgroße Eier (Größe M) von freilaufenden Hühnern, wenn nichts anderes angegeben ist.

• Wird Milch verwendet, kannst du Vollmilch, fettarme Milch oder einen Pflanzendrink verwenden.

Den Backofen vorheizen

Stelle immer die im Rezept angegebene Temperatur ein. Wir backen mit Ober-/Unterhitze.

Besondere Küchengeräte

Schau vorher immer, ob du für ein Rezept besondere Küchengeräte brauchst. Vielleicht musst du noch etwas besorgen oder ausleihen.

SAUBERKEIT IN DER KÜCHE

In der Küche musst du unbedingt einige Regeln beachten, damit sich keine Krankheitserreger ausbreiten.

• Wasche vor dem Backen immer gründlich deine Hände.

• Benutze immer ein sauberes Schneidebrett. Du kannst es mit heißem Wasser und Spülmittel reinigen.

• Halte die Arbeitsfläche sauber und lege einen Lappen bereit, falls du etwas verschüttest.

• Kontrolliere immer das Haltbarkeitsdatum aller Zutaten.

• Wasche dir jedes Mal die Hände, wenn du mit rohen Eiern gearbeitet hast.

Utensilien

Hier siehst du nützliche Küchenwerkzeuge. Lege alles bereit, was du für dein Rezept brauchst, bevor du anfängst.

Teig

Jedes Brot beginnt mit einer Mischung aus Mehl und Wasser, die Teig heißt. Die Arbeitsschritte für den Teig sind bei den meisten Broten ähnlich.

Kneten

Wenn du einen Teig machst, musst du ihn kräftig bearbeiten. Das nennt man Kneten. Dadurch entsteht Gluten, das den Teig elastisch macht.

1 Verrühre die Zutaten so lange, bis kein Mehl mehr an der Schüssel klebt.

2 Der Teig ist nun weich und klebt nicht mehr. Lege die Teigkugel auf eine leicht bemehlte Arbeitsfläche.

3 Halte mit einer Hand den Teig am Ende fest und lege den Handballen der anderen Hand mitten auf den Teig.

4 Drücke die vordere Hand von dir weg und schiebe den Teig nach vorn.

Warum geht das Brot auf?

Es gibt flache Brote, aber die meisten Brote werden mit einem Triebmittel zubereitet. Das bringt Luft in den Teig, sodass das gebackene Brot leicht und locker wird. Meistens wird Hefe als Triebmittel verwendet.

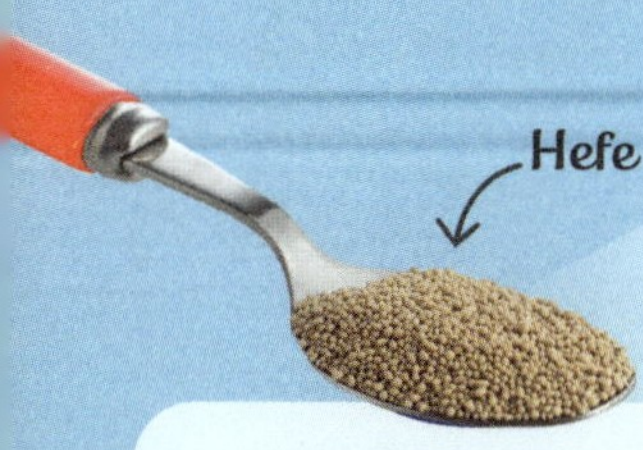

So geht's

Hefe lebt! Hefe ist eine Art Pilz. Sie hat eiförmige Zellen, die so winzig sind, dass du sie ohne Mikroskop nicht sehen kannst.

Trockenhefe braucht Feuchtigkeit. Sie ernährt sich von Zuckerstoffen im Teig und bildet dabei Gasbläschen.

In der Hitze des Backofens werden die Hefezellen abgetötet, aber die Gasbläschen sind im Brot eingeschlossen, und bilden kleine Löcher.

5 Klappe den Teig wieder zusammen und drücke die beiden Enden leicht aufeinander.

6 Drehe den Teig um 90 Grad (eine Vierteldrehung), bevor du ihn wieder lang ziehst.

7 Knete weiter! Wiederhole diese Schritte so oft, bis der Teig glatt und elastisch ist.

8 Zum Schluss sollte der Teig geschmeidig sein und zurückfedern, wenn man einen Finger hineindrückt.

Kneten ist wichtig

Es gibt zwei Arten von Eiweiß im Mehl: Gliadin und Glutenin. Beim Kneten des Teigs verbinden sie sich und es bildet sich Gluten.

Gluten ist stark und elastisch. Es bindet Gasbläschen, die sich durch die Hefe im Teig bilden.

Powerkneten

Du musst den Teig nicht unbedingt mit der Hand kneten. Viele Bäcker benutzen eine elektrische Rührmaschine mit Knethaken, um ihren Brotteig zu kneten.

Gehen des Teigs

Hefe reagiert nicht sofort. Du musst ihr etwa 1 Stunde Zeit geben, damit sie im Teig arbeiten kann. Das nennt man Gehen.

Am Anfang

Vor dem Gehen ist der Teig fest und schwer und hat keine Luftbläschen.

Mittendrin

Wenn die Hefe arbeitet, kommt immer mehr Luft in den Teig.

Nachher

Nach dem Gehen ist der Teig fast doppelt so groß geworden.

Triebmittel

Hier einige Triebmittel, die beim Backen verwendet werden:

Backpulver

Wird häufig zum Backen von Kuchen verwendet, ist aber auch für schnelle Brote wie das Natronbrot geeignet.

Hefe

Es gibt zwei Arten von Hefe: Trockenhefe und frische Hefe. Frische Hefe kaufst du als Würfel und lagerst sie im Kühlschrank. Sie muss schnell aufgebraucht werden. Trockenhefe ist ein Pulver und sehr lange haltbar.

Sauerteig

Ein Sauerteigstarter besteht aus lebender Hefe. Du bewahrst ihn im Kühlschrank auf und „fütterst“ ihn regelmäßig mit Mehl und Wasser.

Getreide

Getreide gehört zur Familie der Gräser. Die Körner können gegessen oder zu Mehl verarbeitet werden. Aus dem Mehl werden dann Brot und Brötchen gebacken.

Weizen

Weizen ist das Getreide, das am meisten angebaut und gegessen wird. Es gibt zwei Arten von Weizen: Weichweizen für Brot und Kuchen und Hartweizen, aus dem Nudeln gemacht werden.

Gerste

Gerste ist eine der ältesten Getreidesorten. Zum Brotbacken ist sie nicht so gut geeignet. Gerstenkörner werden in Suppen und Eintöpfen mitgekocht oder zum Bierbrauen verwendet.

Roggen

Roggenmehl wird für viele Brotsorten verwendet und ist auch in dunkleren Broten enthalten, etwa Schwarzbrot und Pumpernickel.

Hafer

Die Körner werden zu Flocken gewalzt. Daraus wird dann zum Beispiel Müsli gemacht. Hafer dient auch als Tierfutter.

Hirse

Hirse wächst in trockenen Regionen überall auf der Welt. Aus Hirsemehl werden Fladenbrote und Brei gemacht.

Dinkel

Dieses alte Getreide wird seit 5000 v. Chr. angebaut. Es kann als Vollkornmehl verwendet oder zu feinem Mehl gemahlen werden. Dinkelbrot schmeckt leicht nussig.

Dreschen

Vor dem Mahlen müssen die kleinen Getreidekörner aus den Ähren herausgelöst werden. Das geschieht beim Dreschen.

Buchweizen

Buchweizen wird meist zu Mehl gemahlen. Daraus werden Nudeln und Pfannkuchen hergestellt und Kuchen gebacken.

Einkorn

Man nimmt an, dass Einkorn das erste Getreide ist, das die Menschen angebaut haben. Das war vor 10 000 Jahren in der heutigen Türkei.

Sorghum

Eine Hirseart, die gut auf trockenen Böden wächst. Es gibt Sorghum in Weiß, Gelb, Rot und Violett. Die kleinen Körner werden für die menschliche Ernährung und als Tierfutter genutzt.

Auf dem Bauernhof

Pflanzen wachsen nicht von allein. Viele Millionen Bauern überall auf der Welt müssen schwer arbeiten, um Getreide zu ernten.

1 BODEN VORBEREITEN

Bevor das Getreide ausgesät wird, muss das Feld vorbereitet werden. Mit einem Pflug wird der Boden aufgelockert.

Der Pflug wird über das Feld gezogen.

Der Traktor zieht den Pflug.

5 ERNTEN

Die meisten Bauern benutzen für die Ernte einen Mähdrescher. Er schneidet das Getreide und trennt die Körner von den Ähren. Aus den Körnern wird Mehl gemacht.

Der erste Mähdrescher wurde 1835 in den USA gebaut. Er wurde von Pferden oder Ochsen gezogen.

Trockene Halme nennt man Stroh. Es wird als Lagerstreu für Tiere verwendet.

6 LAGERN

Die Ernte lagert in der Scheune auf dem Bauernhof.

2 SÄEN

Getreidesamen werden von einer Sämaschine hinter dem Traktor im Boden verteilt. Die Maschine zieht eine flache Rinne in die Erde und legt die Samenkörner hinein. Dann streut sie Erde darüber.

3 DÜNGEN

Damit das Getreide gut wächst, muss es gedüngt werden. Der Dünger enthält Stickstoff, den die Pflanzen brauchen, um Ähren und viele Körner zu bilden.

Das Samenkorn muss tief genug in der Erde liegen.

Das Samenkorn muss bedeckt sein, sonst fressen es die Vögel.

Ist das Samenkorn zu tief eingepflanzt, keimt es nicht.

Wenn nicht genug Regen fällt, wächst das Getreide nicht und der Bauer hat keine gute Ernte.

4 REIFER WEIZEN

Wenn das Getreide goldgelb wird und nicht mehr grün ist, kann es geerntet werden.

Das Getreide ist erntereif, wenn die Pflanzen auf dem Feld goldgelb sind.

Reifen < Blühen < Wachsen < Keimen

7 AUF ZUR MÜHLE!

Spezielle Lastwagen bringen das Korn zur Mühle. Nur Getreide von guter Qualität wird dort zu Mehl verarbeitet.

Der Anbau von Getreide wird „Ackerbau" genannt.

Fladenbrote

Schon vor Tausenden von Jahren wurden Getreidekörner zerstampft und auf heißen Steinen gebacken. Heraus kam ein flaches Brot, das fest und haltbar war. Heute backt man Fladenbrote mit Hefe oder Backpulver, damit sie etwas aufgehen.

Das älteste Fladenbrot wurde in Jordanien entdeckt. Es ist mehr als 14 400 Jahre alt!

10 Min. Vorbereitung | 1 Std. Gehzeit, 9–16 Min. Backzeit | 6 Fladenbrote, 6 Naan oder 8 Tortillas

Zutaten:

- 250 g Weizenmehl Type 550, plus mehr zum Bestäuben
- 1 TL Trockenhefe
- ½ TL Zucker
- ½ TL Salz
- 175 ml lauwarmes Wasser

Naan

Nach dem Fladenbrot-Rezept kannst du auch indisches Naan backen: Ersetze dafür in Schritt 1 den Zucker und das Wasser durch 1 Ei und 3 EL Naturjoghurt. Folge der Anleitung bis Schritt 4. Dann geht es hier weiter:

5 Knete die Teigstücke und rolle sie oval aus. Bestreue jedes mit 1 TL Kreuzkümmelsamen. Erhitze ein Backblech unter dem heißen Ofengrill.

6 Lege die Brote auf das Backblech. Pinsele beide Seiten mit zerlassener Butter ein. Grille das Naan 2–3 Minuten von jeder Seite.

1 Mische mit einem Kochlöffel Mehl, Hefe, Zucker und Salz in einer Schüssel. Drücke eine Mulde in die Mitte und rühre so viel von dem lauwarmen Wasser ein, dass sich ein weicher Teig bildet.

2 Knete den Teig auf einer mit Mehl bestäubten Arbeitsfläche, bis er glatt und elastisch ist. Wenn du nicht weißt, wie das geht, kannst du auf Seite 6–7 nachschauen.

3 Lege den Teig in die Schüssel und decke ihn mit einem sauberen Geschirrtuch zu. Lass ihn an einem warmen Ort 1 Stunde gehen, bis er doppelt so groß geworden ist.

4 Drücke mit der Faust kräftig auf den Teig, damit große Luftblasen entweichen können. Schneide ihn dann in 6 gleich große Stücke.

5 Knete jedes Teigstück auf der mit Mehl bestäubten Arbeitsfläche kräftig durch und rolle es dann mit dem Nudelholz zu einem etwa 13 cm großen Kreis aus.

6 Erhitze eine Pfanne. Backe jedes Brot in der heißen Pfanne 1 Minute, drehe es dann um und backe die andere Seite 30 Sekunden.

Tortilla

Nach dem Fladenbrot-Rezept kannst du auch Tortilla backen: Ersetze in Schritt 1 Hefe und Zucker durch ½ TL Backpulver und 50 g Butterschmalz. Überspringe Schritt 3. In Schritt 4 knete den Teig und teile ihn in 8 Stücke. Dann geht es hier weiter:

5 Rolle jedes Stück zu einem Kreis aus. Stapele die Teigkreise zwischen Backpapier. Erhitze eine Pfanne auf mittlere bis hohe Temperatur.

6 Backe jede Tortilla von jeder Seite 1 Minute. Halte die fertigen Tortillas warm, während du die restlichen Tortillas backst.

Weißbrot

Du kannst mit wenigen Zutaten ein leckeres Weißbrot backen. Es ist perfekt für Toast und Sandwiches.

40 Min. Vorbereitung | 1 Std. 20 Min. Gehzeit, 30 Min. Backzeit | 2 kleine Brote

Zutaten:

- 1 EL Zucker
- 7 g Trockenhefe
- 300 ml lauwarmes Wasser
- 450 g Weizenmehl Type 550, plus mehr zum Bestäuben
- 1 TL Salz
- 15 g Butter, zerlassen
- Pflanzenöl, zum Einfetten
- 1 Ei, verquirlt

Außerdem:

- 2 Kastenformen (500 g Fassungsvermögen), eingefettet

1 Gib den Zucker und die Trockenhefe in eine kleine Schüssel. Rühre 60 ml von dem lauwarmen Wasser unter. Das muss jetzt 10 Minuten ruhen.

2 Mische Mehl und Salz in einer großen Schüssel. Drücke in die Mitte eine Mulde und gieße die zerlassene Butter und die schäumende Hefe hinzu.

3 Spüle die Hefeschüssel mit 200 ml lauwarmem Wasser aus und gieße es ebenfalls zum Mehl. Verrühre alles zu einem weichen Teig und gieße noch mehr Wasser dazu, falls nötig.

4 Drücke den Teig in der Schüssel zu einer Kugel zusammen. Bestäube die Arbeitsfläche mit Mehl, damit der Teig nicht darauf festklebt.

5 Knete den Teig 10 Minuten, bis er ganz glatt und gleichmäßig ist.

6 Lege den durchgekneteten Teig in eine leicht eingeölte Schüssel, decke ihn mit Frischhaltefolie zu und lass ihn bei Zimmertemperatur 1 Stunde gehen.

7 Der Teig ist fertig aufgegangen, wenn er seine Größe verdoppelt hat. So sieht er dann aus.

8 Nimm den Teig aus der Schüssel und drücke mit der Faust die Luft heraus. Das nennt man „Zusammenschlagen". Dann knete ihn noch kurz.

9 Teile den Teig in zwei gleich große Stücke. Lege jedes Teigstück in eine Kastenform.

10 Decke sie mit eingeölter Frischhaltefolie ab und lass sie weitere 20 Minuten gehen, bis sie ihre Größe verdoppelt haben.

11 Heize den Backofen auf 200 °C vor. Bestreiche die Brote mit verquirltem Ei, bestäube sie mit ein wenig Mehl und schneide sie der Länge nach ein.

12 Backe die Brote etwa 30 Minuten, bis sie goldgelb sind. Wenn du dann auf die Unterseite des Brots klopfst, sollte es hohl klingen. Halte das heiße Brot mit einem Geschirrtuch fest.

Baguette

Dieses lange, dünne Brot kommt aus Frankreich. Vor dem Backen musst du einen Vorteig ansetzen. Den Vorteig vermischst du dann mit den übrigen Zutaten, um daraus ein leckeres Brot zu backen.

30 Min. Vorbereitung | 12 Std. + 3 Std. 30 Min. Gehzeit, 20 Min. Backzeit | 2 Baguettes

Zutaten:

Für den Vorteig:

- ⅛ TL Trockenhefe
- 75 ml lauwarmes Wasser
- 75 g Weizenmehl Type 550 oder Weizenmehl Type 1050
- 1 EL Roggenmehl

Für den Teig:

- 1 TL Trockenhefe
- 150 ml lauwarmes Wasser
- 300 g Weizenmehl Type 550 oder Weizenmehl Type 1050, plus mehr zum Bestäuben
- ½ TL Salz
- Pflanzenöl, zum Einfetten

Das französische Wort „Baguette“ hat die Bedeutung von „kleiner Stock“ oder „Stäbchen“.

1 Für den Vorteig löse die Hefe in 75 ml lauwarmem Wasser auf. Mische die Mehle in einer großen Schüssel und gib die aufgelöste Hefe dazu.

2 Verrühre alles zu einem klebrigen, weichen Teig.

3 Decke den Vorteig mit Frischhaltefolie zu und lass ihn an einem kühlen Ort mindestens 12 Stunden gehen.

4 Für den Teig löse die Hefe unter kräftigem Rühren in 150 ml lauwarmem Wasser auf.

5 Gib den Vorteig, das Mehl für den Teig und das Salz in eine große Schüssel und gieße die aufgelöste Hefe dazu.

6 Verrühre alles mit einem Kochlöffel zu einem weichen Teig.

Weiter

Das erste Baguette wurde im 18. Jahrhundert in Frankreich gebacken.

7 Knete den Teig 10 Minuten auf einer mit Mehl bestäubten Arbeitsfläche, bis er glatt, glänzend und elastisch ist.

8 Lege den Teig in eine eingeölte Schüssel, decke ihn mit Frischhaltefolie zu und lass ihn an einem warmen Ort 2 Stunden gehen.

9 Lege den Teig auf eine bemehlte Arbeitsfläche. Drücke ihn mit der Faust zusammen und teile ihn in zwei gleich große Portionen.

10 Knete jedes Teigstück noch einmal gut durch und forme es zu einem Rechteck. Schlage eine kurze Seite zur Mitte um.

11 Drücke den Teig gut zusammen und schlage dann die andere kurze Seite zur Mitte um. Drücke den Teig noch einmal gut zusammen.

12 Gib dem Teigstück eine längliche Form. Drücke die Teigenden in der Mitte fest zusammen und drehe die Nahtstelle nach unten.

13 Forme jedes Teigstück zu einer 4 cm dicken Rolle.

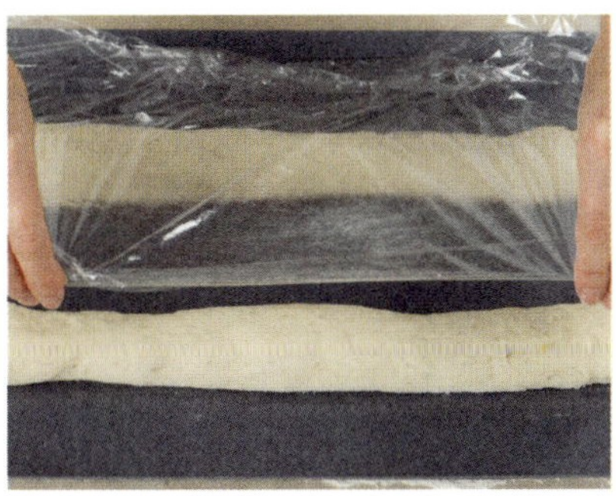

14 Lege die Teigstücke auf ein Backblech und decke sie mit eingeölter Frischhaltefolie und einem sauberen Geschirrtuch zu.

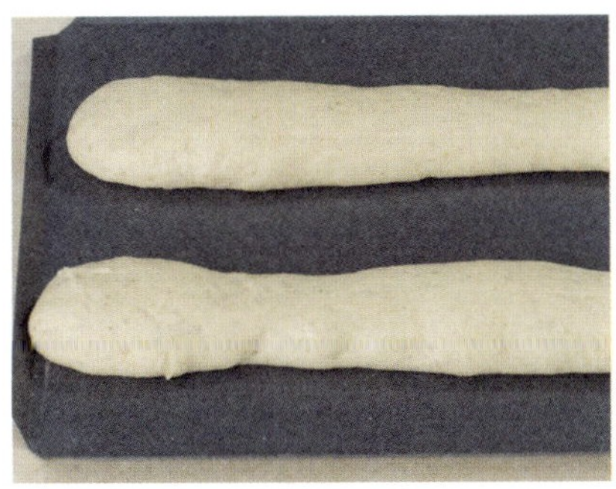

15 Lass den Teig an einem warmen Ort 1½ Stunden gehen.

16 Heize den Backofen auf 220 °C vor. Schneide jedes Teigstück auf der Oberseite mehrfach schräg ein.

17 Bestäube die Teigstücke mit etwas Mehl, besprühe sie mit Wasser und schiebe das Blech dann in den Backofen.

18 Backe die Baguettes 20 Minuten. Lass sie danach auf einem Kuchengitter abkühlen.

Sonnenblumenbrote im Topf

Diese kleinen Brote werden in Tontöpfen gebacken, und darin kannst du sie auch servieren. Sonnenblumenkerne schmecken nicht nur gut, sie sind auch sehr gesund.

45 Min. Vorbereitung + 5 Std. für die Töpfe | 1 Std. Gehzeit, 25–30 Min. Backzeit | 4 Brote

Schritt 1 mit der Vorbereitung der Töpfe kannst du schon am Vortag erledigen.

Zutaten:

- 400 g Weizenvollkornmehl, plus mehr zum Bestäuben
- 1 TL Salz
- 1 TL Zucker
- 7 g Trockenhefe
- 250 ml lauwarmes Wasser
- 2 EL natives Olivenöl extra, plus mehr zum Einfetten
- 100 g Sonnenblumenkerne
- Milch, zum Bestreichen

Außerdem:

- 4 Tontöpfe von 11 × 10 cm, mit heißem Wasser und Spülmittel geschrubbt, gut abgespült und dann gründlich abgetrocknet

1 Heize den Backofen auf 200 °C vor. Tränke die Töpfe mit Öl. Stelle sie auf ein Backblech und schiebe sie für 20 Minuten in den Ofen. Im ausgestellten Ofen 2 Stunden abkühlen lassen. Wiederholen.

2 Verrühre Mehl, Salz, Zucker und Hefe in einer Schüssel. Drücke eine Mulde in die Mitte und gieße Wasser und Olivenöl hinein. Verrühre alles zu einem weichen, aber festen Teig.

3 Knete den Teig auf einer mit Mehl bestäubten Arbeitsfläche 10 Minuten gut durch.

4 Drücke eine Vertiefung in den Teig und gib drei Viertel der Sonnenblumenkerne hinein. Knete sie gründlich unter. Teile den Teig dann in 4 Portionen.

5 Forme jede Teigportion zu einer Kugel. Lege sie in einen Topf, decke sie mit Frischhaltefolie zu. Lass sie dann 1 Stunde an einem warmen Ort gehen.

6 Heize den Backofen auf 190 °C vor. Pinsele die Oberseite der Brote mit Milch ein und bestreue sie mit Sonnenblumenkernen. Backe sie 25–30 Minuten.

Stürze
das Brot
aus seinem
Topf!

Vom Korn zum Mehl

Die Getreidekörner werden in der Mühle zu feinem Pulver gemahlen. Das ist das Mehl. Unten siehst du den Weg des Korns vom Feld bis zum Mehl.

1 ANBAUEN

Getreide wird auf großen Feldern angebaut. Mit dem Mähdrescher wird es geerntet. Körner und Halme werden dabei getrennt.

2 TRANSPORTIEREN

Lkws bringen das Getreide vom Bauernhof zur Mühle. Einige Mühlen verarbeiten Getreide aus der Region, andere Mühlen Getreide aus der ganzen Welt.

Getreide braucht vier Monate zum Wachsen, wenn es im Frühling gesät wird, oder acht Monate, wenn es im Herbst gesät wird.

5 TRENNEN

In der Walzenmühle wird das Korn mit winzigen „Zähnen" geöffnet. Die zwei Walzen drehen sich unterschiedlich schnell.

Das gespaltene Korn muss noch weiter zerkleinert werden, bevor es zu Mehl wird.

Die drehenden Walzen knacken die Getreidekörner.

6 WALZEN

Das gespaltene Korn läuft mehrmals durch mehrere Walzen.

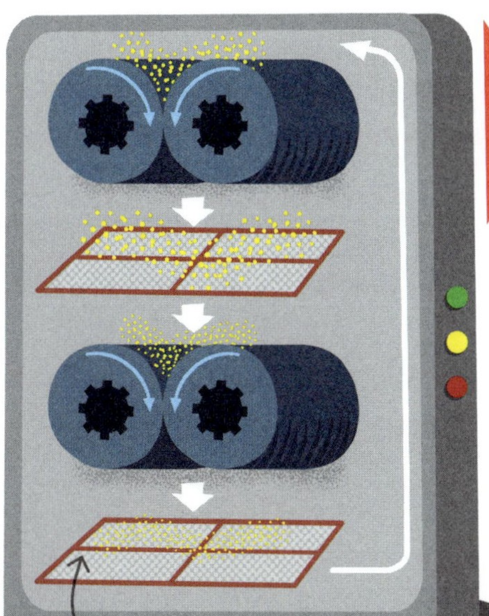

Das Mehl wird durch die Walzen immer glatter und feiner.

7 SIEBEN

Das Mehl wird in einem Plansichter gesiebt, um größere Teilchen zu entfernen.

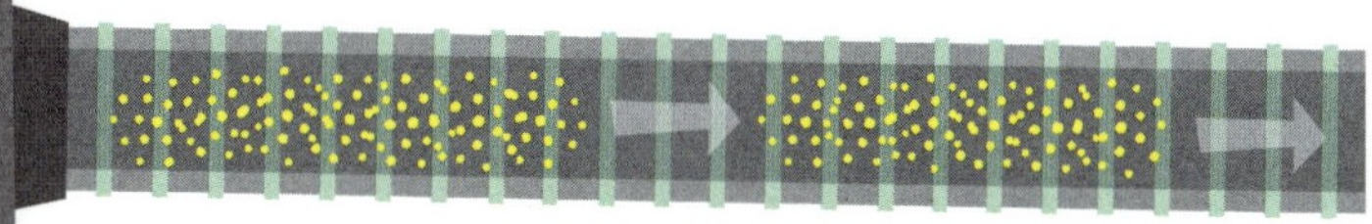

Der Sichter enthält Siebe mit unterschiedlich großen Löchern. Durch das Rütteln der Maschine fällt das Mehl durch die Siebe nach unten.

3 LAGERN

Das Getreide wird in riesigen Behältern gelagert, die Silos heißen. Für jede Getreidesorte gibt es ein eigenes Silo.

Das Getreide wird heute meist in großen Walzenmühlen zu Mehl verarbeitet.

Getreide muss kühl und trocken lagern, sonst schimmelt es und kann nicht mehr verwendet werden.

4 REINIGEN

Das Getreide muss gründlich von Spreu, Steinen und Schmutz gereinigt werden.

Die Spreu ist die Außenhülle des Getreidekorns.

8 MISCHEN

Das fertige Mehl kann mit anderen Körnern gemischt werden. Manchmal werden auch verschiedene Mehle gemischt, zum Beispiel halb Weizenmehl und halb Weizenvollkornmehl.

9 VERPACKEN

Das fertige Mehl wird in Säcke gefüllt. Große Mehlsäcke sind für die Bäcker, kleine Packungen für die Kunden im Laden. Nun kann gebacken werden.

Bagels

Die weichen, luftigen Kringel sind perfekt zum Frühstück oder als Mittagessen – schneide sie auf und bestreiche sie mit Butter, oder fülle sie mit deinem Lieblingsbelag.

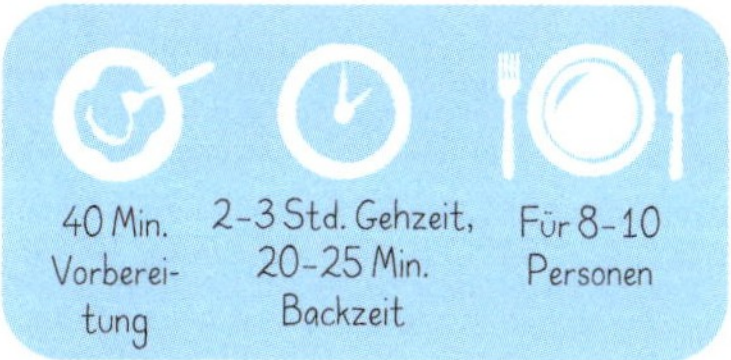

Zutaten:

- 600 g Weizenmehl Type 550, plus mehr zum Bestäuben
- 2 TL feines Salz
- 2 TL Zucker
- 2 TL Trockenhefe
- 300 ml lauwarmes Wasser
- 1 EL Pflanzenöl, plus mehr zum Einfetten
- 1 Ei, verquirlt, für die Glasur

1. Mische Mehl, Salz und Zucker in einer Schüssel. Verrühre in einer zweiten Schüssel die Hefe mit dem lauwarmen Wasser.

2. Gieße das Öl zur Hefemischung. Verrühre diese Flüssigkeit mit der Mehlmischung zu einem weichen Teig.

3. Knete den Teig auf einer bemehlten Arbeitsfläche. Lege ihn in eine eingeölte Schüssel, decke ihn mit Frischhaltefolie zu und lass ihn 1–2 Stunden gehen, bis er seine Größe verdoppelt hat.

4. Drücke den Teig auf der bemehlten Arbeitsfläche flach und teile ihn in 8–10 Stücke.

5. Forme jedes Teigstück mit der Handfläche zu einer dicken Rolle.

6. Rolle den Teig mit der Handfläche weiter, bis jede Rolle etwa 25 cm lang ist.

7 Lege den Teig um deine Fingerknöchel, sodass sich die beiden Enden auf deiner Handfläche treffen.

8 Drücke die Enden leicht zusammen. Rolle sie kurz, damit die Enden sich verbinden. Das Loch in der Mitte sollte schön groß sein. Forme alle Bagels auf diese Weise.

9 Lege zwei Backbleche mit Backpapier aus und verteile die Bagels darauf. Decke sie mit Frischhaltefolie und einem Geschirrtuch zu. Lass sie an einem warmen Ort 1 Stunde gehen.

10 Heize den Backofen auf 220 °C vor. Erhitze einen großen Topf mit Wasser, bis es kocht,dann stelle die Temperatur herunter. Koche die Bagels 1 Minute von jeder Seite im Wasser.

11 Hebe die Bagels mit einem Schaumlöffel aus dem Wasser. Tupfe sie leicht mit einem Geschirrtuch ab. Lege die Bagels auf die Backbleche und bestreiche sie mit dem verquirlten Ei.

12 Backe die Bagels im heißen Backofen (Mitte) 20–25 Minuten, bis sie goldgelb sind. Lass sie anschließend auf dem Kuchengitter mindestens 5 Minuten abkühlen.

Pizza

Garantiert hast du schon Pizza gegessen, aber hast du auch schon mal selbst eine gebacken? Diese Pizza mit Pesto, sonnengetrockneten Tomaten und Mozzarella kannst du leicht selbst machen. Und die nächste belegst du vielleicht mit deinen Lieblingszutaten.

20 Min. Vorbereitung | 1 Std. Gehzeit, 20–30 Min. Backzeit | 4 Pizzas

Zutaten:

- 1 TL Trockenhefe
- ½ TL Zucker
- 250 ml lauwarmes Wasser
- 500 g Weizenmehl Type 550, plus mehr zum Bestäuben
- 1 TL Salz
- 1 EL Olivenöl

Für die Soße:

- 300 g passierte Tomaten
- 2 EL Tomatenmark
- ½ TL Zucker
- 1 TL gemischte Kräuter

Für den Belag:

- 8 EL Pesto (2 EL je Pizza)
- 24 sonnengetrocknete Tomaten, gehackt (6 je Pizza)
- 2 Kugeln Mozzarella, in Stücke gezupft (½ Kugel je Pizza)
- natives Olivenöl extra, zum Beträufeln
- frisch gemahlener schwarzer Pfeffer

Außerdem:

- 2 Pizza- oder Backbleche

Was ist deine Lieblingspizza? Ich liebe Pizza Peperoni.

Das ist eine „Pizza bianca“ – sie wird ohne Tomatensoße gemacht. Der Belag besteht aus Knoblauch, Spinat und Ricotta.

1 Verrühre Hefe, Zucker und Wasser in einer Schüssel und lass alles 5 Minuten stehen. Gib Mehl und Salz in eine zweite Schüssel. Rühre das Olivenöl und die Hefemischung unter.

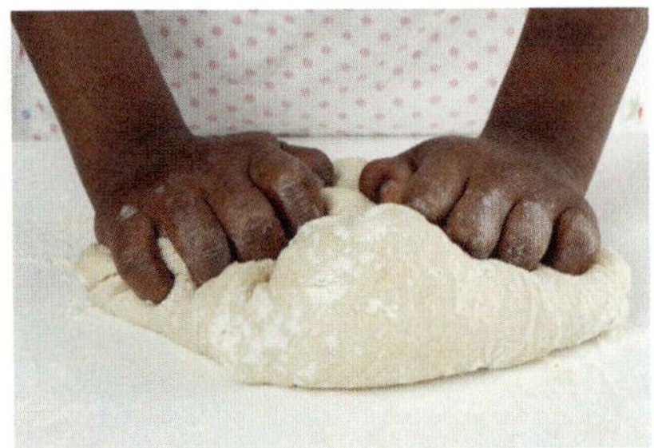

2 Knete den Teig auf einer bemehlten Arbeitsfläche 5 Minuten. Lege ihn in eine Schüssel, decke ihn mit einem sauberen feuchten Geschirrtuch zu und lass ihn dann an einem warmen Ort 1 Stunde gehen.

3 Für die Tomatensoße verrühre alle Zutaten in einem kleinen Topf und lass die Soße 5 Minuten köcheln. Anschließend muss sie kurz abkühlen.

4 Heize den Backofen auf 220 °C vor. Drücke mit der bemehlten Faust den Teig zusammen, damit Luftblasen entweichen. Dann knete den Teig noch kurz durch.

5 Teile den Teig in 4 Stücke und rolle jedes Teigstück zu einem flachen Kreis aus, der auf das Backblech passt, das du verwendest. Lege jeden Kreis auf ein Blech. Die meisten Öfen haben zwei Einschübe. Du musst deshalb die Pizzas in zwei Portionen backen.

6 Verteile auf jedem Teigboden 3 EL Tomatensoße und etwas Pesto. Belege die Pizza mit sonnengetrockneten Tomaten und Mozzarella. Beträufle sie mit Olivenöl und würze sie mit Pfeffer. Backe sie 10–15 Minuten im Backofen, bis der Käse goldgelb ist. Schneide die Pizzas in Stücke.

Mehl Type 550

Dieses Mehl eignet sich gut zum Backen von Brot. Es enthält das Klebereiweiß Gluten. Das Weißmehl wird aus dem inneren Mehlkörper, dem Endosperm, hergestellt. Dieser macht 75 Prozent des Getreidekorns aus.

Malzmehl

Bei diesem Mehl werden Malzkörner untergemischt. Malz ist kurz gekeimtes und dann wieder getrocknetes Getreide, zum Beispiel Roggen, Gerste oder Weizen. Malzmehl wird meist in kleinen Mengen zum Teig gegeben. Dadurch schmeckt das Brot nussig und bekommt eine dunkle Kruste.

Süß oder herzhaft?

Mit verschiedenen Zutaten bekommt das Brot zusätzlich Geschmack, zum Beispiel mit Kräutern, getrockneten Tomaten, Zwiebeln oder Honig.

Samen und Kerne

Kerne und Saaten werden unter das Mehl gemischt, um daraus ein leckeres Körnerbrot zu backen. Entweder wird nur eine Sorte untergemischt oder mehrere, wie etwa Sesam, Mohn oder Sonnenblumenkerne.

Triebmittel

Zum Backen von Brot wird meist Hefe verwendet, für viele süße Brote und Gebäck nimmt man Backpulver, damit der Teig gut aufgeht.

Mehl

Für die Herstellung von Mehl wird Getreide geschrotet, gemahlen und gesiebt. Das meiste Mehl wird aus Weizen hergestellt.

Mehl Type 1050

Bei diesem Mehl bleibt beim Mahlen ein Teil der Schale am Korn. Das Mehl ist dunkler und hat mehr Nährstoffe. Es eignet sich gut zum Backen von kräftigen Broten.

Mehl Type 405

Das Mehl wird meist zum Backen von Kuchen und Keksen verwendet. Es ist feiner als Mehl zum Brotbacken.

Dinkelmehl

Es wird aus einem alten Getreide, dem Dinkel, hergestellt. Es ist ideal zum Backen von Sauerteigbroten.

Vollkorn

Dieses Mehl wird aus dem ganzen Korn gemahlen – härtere Teile wie Kleie und Keime werden nicht entfernt. Das Brot wird dunkler und es schmeckt nussiger als Brot aus weißem Mehl.

Glutenfreies Backen

Weizen enthält das Klebereiweiß Gluten, das manche Menschen nicht gut vertragen. Es gibt aber auch Mehlsorten ohne Gluten.

Glutenfreies Mehl

Glutenfreies Mehl ist häufig eine Mischung aus mehreren glutenfreien Mehlsorten. Wenn du damit backen möchtest, brauchst du ein besonderes Rezept – du kannst glutenfreies und normales Mehl nicht einfach austauschen.

Kichererbsenmehl

Dafür werden getrocknete Kichererbsen gemahlen. Das Mehl wird für indische Gerichte verwendet.

Buchweizenmehl

Der Buchweizen trägt den „Weizen" nur im Namen. Tatsächlich ist er gar kein Getreide. Die kleinen Samenkörner werden aber schon seit Hunderten von Jahren zu Mehl gemahlen.

Reismehl

Reiskörner werden nicht nur gekocht. Man kann sie auch mahlen und das Mehl zum Backen verwenden.

Glutenfreies Brot

In glutenfreiem Brot sorgt das Gelier- und Verdickungsmittel Xanthan dafür, dass der Teig die Luftbläschen festhalten kann. Du kannst glutenfreies Mehl kaufen oder selbst mischen. Hier findest du zwei Mischungen zur Auswahl.

20 Min. Vorbereitung | 1 Std. Gehzeit, 35 Min. Backzeit | 1 Brot

Zutaten:

- 450 g glutenfreies Mehl (siehe Mischungen unten), plus mehr zum Bestäuben
- 2 TL Trockenhefe
- 1 TL Salz
- 1 EL Zucker
- 300 ml lauwarmes Wasser
- 2 Eier, davon 1 Ei verquirlt, zum Bestreichen
- 2 EL Pflanzenöl, plus mehr zum Einfetten
- 1 TL Essig

Außerdem:

- 1 Kastenform (500 g Fassungsvermögen), eingefettet

Weißer glutenfreier Mehlmix:

Ergibt 700 g

- 450 g weißes Reismehl
- 115 g Kartoffelstärke
- 60 g Tapiokastärke
- 60 g Speisestärke
- 4 TL Xanthan

Brauner glutenfreier Mehlmix:

Ergibt 700 g

- 450 g braunes Reismehl
- 115 g Kartoffelstärke
- 60 g Tapiokastärke
- 60 g Speisestärke
- 4 TL Xanthan

Glutenfreies Brot wird oft mit Reismehl gebacken.

1 Siebe Mehl, Hefe und Salz in eine große Schüssel und rühre den Zucker ein. Verquirle mit einer Gabel das lauwarme Wasser mit einem Ei, dem Öl und dem Essig.

2 Drücke in die Mitte der trockenen Zutaten eine Mulde. Gieße die feuchten Zutaten hinein und vermische alles. Verarbeite alles mit den Händen zu einem Teig.

3 Knete den Teig auf einer mit Mehl bestäubten Arbeitsfläche 5 Minuten gut durch, bis er glatt ist.

4 Lege den Teig in die gefettete Kastenform. Schneide ihn auf der Oberseite mit einem scharfen Messer dreimal ein. Decke ihn mit Frischhaltefolie ab und lasse ihn an einem warmen Ort 1 Stunde gehen.

5 Heize den Backofen auf 220 °C vor. Bestreiche den Teig mit verquirltem Ei – so bekommt das Brot eine schöne Farbe – und bestäube ihn mit etwas Mehl.

6 Backe das Brot 35 Minuten im Backofen. Dann sollte es aufgegangen und oben goldbraun sein. Stürze es vorsichtig aus der Form auf ein Backblech und backe es weitere 10 Minuten. Lass es dann auf einem Kuchengitter auskühlen.

Roggenbrot

Es ist außen schön knusprig und innen weich. Brot mit Roggenmehl schmeckt kräftiger als reines Weizenbrot.

40 Min. Vorbereitung | 2 Std. 45 Min. Gehzeit, 50–55 Min. Backzeit | 1 Brot

Zutaten:

- 2½ TL Trockenhefe, mit 4 EL lauwarmem Wasser verrührt
- 1 EL dunkler Zuckerrübensirup
- 1 EL Kümmelsamen, wenn du magst
- 2 TL Salz
- 1 EL Pflanzenöl, plus mehr zum Einfetten
- 250 ml Sprudelwasser
- 250 g Roggenmehl Type 997 oder Roggenvollkornmehl
- 175 g Weizenmehl Type 1050, plus mehr zum Bestäuben
- Polenta (feiner gelber Maisgrieß), zum Bestäuben
- 1 Eiweiß, schaumig verquirlt, zum Bestreichen

1 Gib die aufgelöste Hefe, den Zuckerrübensirup, zwei Drittel der Kümmelsamen, das Salz und das Öl in eine Schüssel.

2 Gieße das Sprudelwasser dazu und schütte das Roggenmehl in die Schüssel. Verknete alles mit den Händen.

3 Knete nach und nach das Weizenmehl unter, bis ein weicher, etwas klebriger Teig entstanden ist.

4 Knete den Teig auf einer mit Mehl bestäubten Arbeitsfläche 8–10 Minuten, bis er schön glatt und elastisch ist. Dann lege ihn in eine eingeölte Schüssel.

5 Decke den Teig mit einem feuchten Geschirrtuch zu. Stelle ihn 1½–2 Stunden an einen warmen Ort, bis er seine Größe verdoppelt hat.

6 Drücke den Teig mit der Faust zusammen, um Luftblasen zu entfernen. Bestreue ein Backblech mit Polenta.

7 Decke den Teig mit Frischhaltefolie zu und lass ihn 5 Minuten gehen. Dann forme ihn auf der bemehlten Arbeitsfläche zu einem 25 cm langen Oval.

8 Rolle den Teig auf der Arbeitsfläche hin und her. Drücke dabei etwas kräftiger auf die Enden, damit sie dünner werden.

9 Lege den Teig auf das Backblech. Decke ihn mit Frischhaltefolie zu. Lass ihn an einem warmen Ort 45 Minuten gehen, bis er seine Größe verdoppelt hat.

10 Heize den Backofen auf 190 °C vor. Bestreiche den Teig mit dem verquirlten Eiweiß.

11 Wenn du magst, bestreue ihn mit Kümmelsamen und drücke die kleinen Körner fest in den Teig.

12 Schneide die Oberseite dreimal schräg und 5 mm tief ein. Backe das Brot 50–55 Minuten und lass es dann auf einem Kuchengitter abkühlen.

Kümmel hat einen starken Geschmack, so ähnlich wie Anis.

Ciabatta

Das ist ein italienisches Brot mit Olivenöl. Ein Ciabatta sollte gut aufgehen. Außen ist es knusprig und innen schön luftig.

30 Min. Vorbereitung | 3 Std. Gehzeit, 30 Min. Backzeit | 2 Brote

Zutaten:

- 2 TL Trockenhefe
- 350 ml lauwarmes Wasser
- 2 EL Olivenöl, plus mehr zum Einfetten
- 450 g Weizenmehl Type 550, plus mehr zum Bestäuben
- 1 TL Meersalz

1. Löse die Hefe in dem lauwarmen Wasser auf. Füge das Olivenöl hinzu.

2. Mische Mehl und Salz in einer Schüssel. Drücke eine Mulde in die Mitte und gieße das Hefewasser hinein. Verrühre alles zu einem weichen Teig.

3. Knete den Teig auf einer mit Mehl bestäubten Arbeitsfläche 10 Minuten, bis er weich und glatt ist.

4. Lege den Teig in eine eingeölte Schüssel und decke ihn mit Frischhaltefolie zu.

5. Lass den Teig an einem warmen Ort 2 Stunden gehen, bis er seine Größe verdoppelt hat. Lege ihn auf eine mit Mehl bestäubte Arbeitsfläche.

6. Drücke den Teig mit den Fäusten zusammen. Teile ihn dann in zwei gleich große Stücke.

7 Knete jedes Teigstück kurz durch und forme es zu einem 30 × 10 cm großen Rechteck.

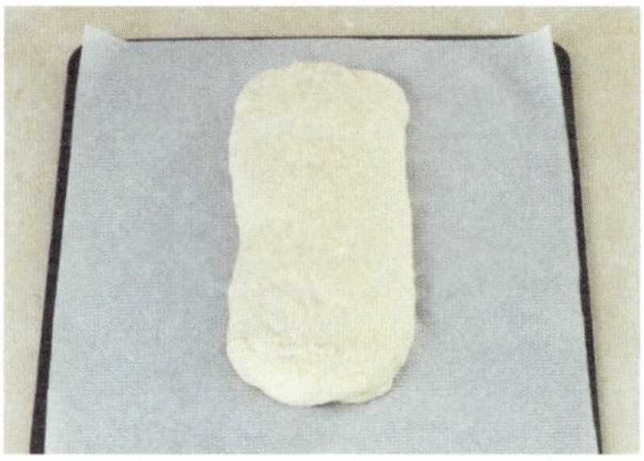

8 Lege die beiden Teigstücke auf ein mit Backpapier ausgelegtes Backblech. Lass ausreichend Platz dazwischen.

9 Decke die Teigstücke locker mit Frischhaltefolie und einem Geschirrtuch zu. Lass sie 1 Stunde gehen, bis sie ihre Größe fast verdoppelt haben.

10 Heize den Backofen auf 230 °C vor. Besprühe die Teigstücke mit Wasser.

11 Backe die Brote 30 Minuten. Besprühe sie dabei alle 10 Minuten mit Wasser.

12 Sobald die Oberseite goldbraun ist, nimm die Brote aus dem Ofen. Lass sie kurz abkühlen und klopfe dann auf den Boden – das Geräusch sollte hohl klingen.

Mehrkornbrot

Mit Saaten und Kernen wird das Brot noch knackiger. Wenn du Sonnenblumenkerne nicht magst, kannst du andere Kerne nehmen, auch eine Mischung ist gut.

45 Min. Vorbereitung | 3 Std. Gehzeit, 40–45 Min. Backzeit | 2 Brote

Zutaten:

- 75 g Sonnenblumenkerne
- 45 g Haferflocken
- 45 g Weizenkleie
- 75 g Polenta (feiner gelber Maisgrieß), plus mehr zum Bestreuen
- 45 g brauner Zucker
- 1 EL Salz
- 2½ TL Trockenhefe, in 4 EL lauwarmem Wasser aufgelöst
- 425 g Buttermilch, lauwarm erwärmt
- 250 g Weizenvollkornmehl
- 250 g Weizenmehl Type 550, plus mehr zum Bestäuben
- 15 g Butter, zerlassen, zum Ausfetten
- 1 Eiweiß, zum Bestreichen

1. Heize den Backofen auf 180 °C vor. Röste die Kerne auf einem Backblech im Ofen 5–7 Minuten. Nimm sie vorsichtig heraus, lass sie abkühlen und hacke sie dann klein.

2. Mische Sonnenblumenkerne, Haferflocken, Weizenkleie, Polenta, Zucker und Salz in einer Schüssel. Gieße das Hefewasser und die Buttermilch dazu. Vermenge alles mit den Händen.

3. Mische das Vollkornmehl und die Hälfte des Weizenmehls mit den Händen unter. Gib das restliche Weizenmehl dazu und verarbeite alles zu einem weichen, klebrigen Teig.

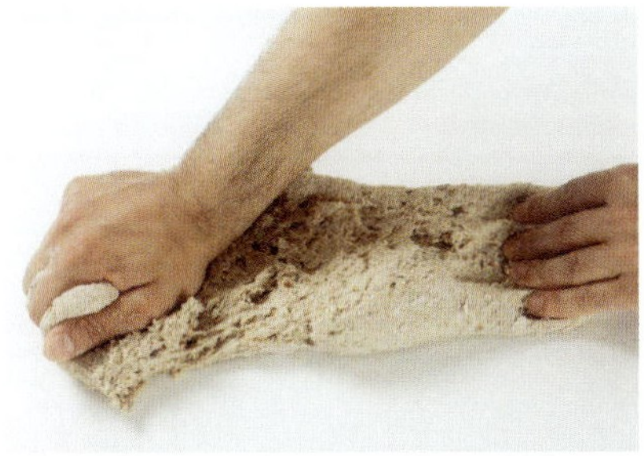

4. Knete den Teig 8–10 Minuten auf einer bemehlten Arbeitsfläche. Dann ist er glatt und elastisch. Wenn er beim Kneten noch klebt, bestäube die Arbeitsfläche mit etwas Mehl.

5. Fette eine große Schüssel mit Butter ein. Lege den Teig hinein und wende ihn in der Butter. Decke die Schüssel mit einem feuchten Geschirrtuch zu. Lass den Teig an einem warmen Ort 1½–2 Stunden gehen, bis er seine Größe verdoppelt hat.

6. Bestreue zwei Backbleche mit Polenta. Lege den Teig auf eine bemehlte Arbeitsfläche und drücke ihn mit der Faust zusammen.

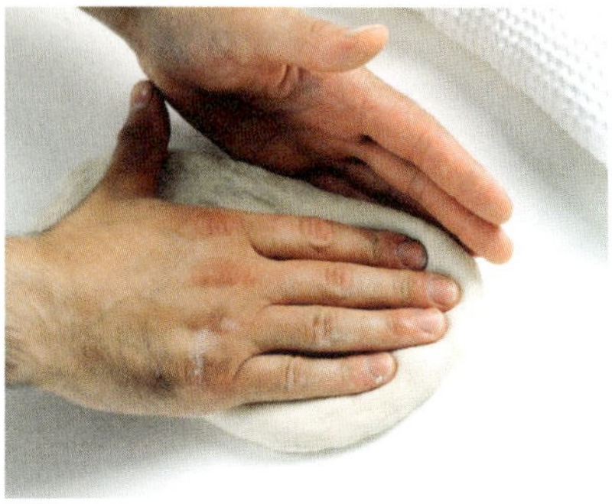

7 Teile den Teig in zwei Portionen. Forme mit bemehlten Händen aus den Teigstücken zwei etwa 20 × 5 cm große Rechtecke. Lege sie auf ein Backblech.

8 Decke die Teigstücke mit einem Geschirrtuch zu und lass sie an einem warmen Ort 1 Stunde gehen, bis sie ihre Größe verdoppelt haben. Heize den Backofen auf 190 °C vor. Schlage das Eiweiß schaumig und pinsele die Teigstücke damit ein.

9 Backe die Brote im Ofen 40–45 Minuten. Nimm sie heraus. Halte ein Brot mit dem Geschirrtuch fest und klopfe mit den Fingerknöcheln auf die Unterseite. Das Geräusch sollte hohl klingen. Lass das Brot auf einem Kuchengitter abkühlen.

Pita

Ein Fladenbrot aus dem Nahen Osten. Es bläht sich beim Backen stark auf. So entsteht ein großer Hohlraum in der Mitte.

Pitabrote sind flach und oval.

Bagels

Sie wurden zuerst in Polen gebacken und sind inzwischen überall beliebt, vor allem in New York (USA).

Brotsorten

Es gibt viele verschiedene Brotsorten auf der ganzen Welt. Jede Kultur hat mindestens ein typisches Brot. Einige dieser Brote kennst du vielleicht schon.

Pistolets

Diese Brötchen stammen aus Belgien. Sie sind außen knusprig und innen weich.

Das Wort „Ciabatta" bedeutet eigentlich „Pantoffel".

Ciabatta

Ein italienisches Brot, das mit Olivenöl gebacken wird.

Diese Brötchen lassen sich gut füllen.

Bao

Diese weichen, gedämpften Brötchen stammen ursprünglich aus China, werden heute aber auch anderswo gegessen.

Englisches Landbrot

Es wird aus einer großen und einer kleineren Teigkugel zusammengesetzt.

Marraqueta

Das weiche chilenische Brot ist viergeteilt. Man kann gut mit der Hand ein Viertel abbrechen.

Zuckerbrot

In diesem niederländischen Brot stecken große Zuckerstücke. Zusätzlich wird das Brot mit Zucker bestreut.

Rieska

Das finnische Fladenbrot wird mit Gersten- oder Roggenmehl gebacken. Manchmal enthält es auch Kartoffeln.

Natronbrot

Ein Brot, für das Backpulver als Triebmittel dient. Es ist schnell gebacken und vor allem in Irland beliebt.

Arepas

Solche Fladenbrote aus Maismehl isst man in Venezuela, Kolumbien und Panama.

Brezeln

Der Teig wird lang gezogen und dann zu Brezeln geschlungen. Die Brezel stammt aus Deutschland.

Wie Kuchen

Die Brioche wird mit vielen guten Zutaten zubereitet und ist eine Art süßes Brot. Sie wird besonders gern zum Frühstück gegessen.

Chubz

Das runde Fladenbrot wird in Marokko zu den Mahlzeiten serviert. Es ist perfekt zum Dippen.

Brioche

Eine Brioche enthält jede Menge Butter und Eier. So wird der Teig weich und gehaltvoll. Brioche wurde zuerst in Frankreich gebacken.

Das Baguette wird vor dem Backen eingeschnitten.

Baguette

Das französische Brot ist lang und dünn und hat eine krosse Kruste.

Naan

Das indische Fladenbrot kann man mit oder ohne Hefe zubereiten. Gebacken wird es in einem runden Ofen, der Tandoor heißt.

Challa

Ein Hefezopf, mit Eiern zubereitet und mit Sesam verziert. Das Brot wird zum jüdischen Sabbat gegessen.

Maisbrot

Das leckere Maisbrot ist ein traditionelles amerikanisches Brot. Es ist fix zubereitet und passt gut zu Suppen und Eintöpfen.

20 Min. Vorbereitung | 20–25 Min. Backzeit | Für 8 Personen

Zutaten:

- 60 g Butter, zerlassen und abgekühlt, plus mehr zum Einfetten und Bestreichen
- 2 frische Maiskolben (etwa 200 g Maiskörner)
- 150 g Polenta (feiner Maisgrieß) oder Maismehl
- 150 g Weizenmehl Type 550
- 50 g Zucker
- 1 EL Backpulver
- 1 TL Salz
- 2 Eier
- 250 ml Milch

Außerdem:

- eine ofenfeste gusseiserne Pfanne oder eine Springform (etwa Ø 23 cm)

1 Heize den Backofen auf 220 °C vor. Pinsele die Pfanne mit Butter ein und stelle sie in den Backofen.

2 Schneide vorsichtig die Körner von den Maiskolben und kratze mit dem Messerrücken das Fruchtfleisch ab.

3 Siebe Polenta, Weizenmehl, Zucker, Backpulver und Salz in eine Schüssel. Gib die Maiskörner hinzu.

4 Verquirle in einer kleinen Schüssel die Eier mit der zerlassenen Butter und der Milch.

5 Gieße drei Viertel der Milchmischung in die Mehlmischung und verrühre beides.

6 Gieße die restliche Milch in die Schüssel und rühre weiter, bis alles vermischt ist.

Mais

7 Nimm die heiße Pfanne vorsichtig aus dem Backofen und gieße den Teig hinein – das zischt!

8 Bestreiche die Oberseite zügig mit zerlassener Butter. Backe das Brot 20–25 Minuten.

9 Stecke ein Stäbchen in das Brot. Wenn es sauber herauskommt, ist das Brot durchgebacken. Lass es auf einem Kuchengitter kurz abkühlen.

Brezeln

Zuerst wurden Brezeln in Deutschland gebacken, aber heute sind sie überall auf der Welt beliebt. Das Formen macht dir bestimmt Spaß. Lies weiter, dann erfährst du, wie es geht.

50 Min. Vorbereitung	1½–2½ Std. Gehzeit, 20 Min. Backzeit	16 Brezeln

Zutaten:

- 350 g Weizenmehl Type 550, plus mehr zum Bestäuben
- 150 g Weizenmehl Type 405
- 1 TL Salz
- 2 EL Zucker
- 2 TL Trockenhefe
- 300 ml lauwarmes Wasser
- 1 EL Pflanzenöl, plus mehr zum Einfetten

Für die Glasur:

- ¼ TL Natron
- 2 EL kochend heißes Wasser
- grobes Meersalz oder 2 EL Sesamsamen
- 1 Ei, verquirlt, zum Bestreichen

1 Mische die beiden Mehle, das Salz und den Zucker in einer großen Schüssel.

2 Verrühre die Hefe mit dem lauwarmen Wasser, lass das Hefewasser 5 Minuten stehen und füge dann das Öl hinzu.

3 Gieße die Flüssigkeit nach und nach in die Mehlmischung. Dabei musst du die ganze Zeit rühren, bis ein weicher Teig entsteht.

4 Knete den Teig 10 Minuten auf einer mit Mehl bestäubten Fläche, bis er glatt und weich ist. Lege ihn in eine eingeölte Schüssel.

5 Decke ihn mit Frischhaltefolie zu. Lass ihn an einem warmen Ort 1–2 Stunden gehen, bis er doppelt so groß ist.

6 Lege den Teig auf eine mit Mehl bestäubte Arbeitsfläche und drücke ihn mit der Faust zusammen.

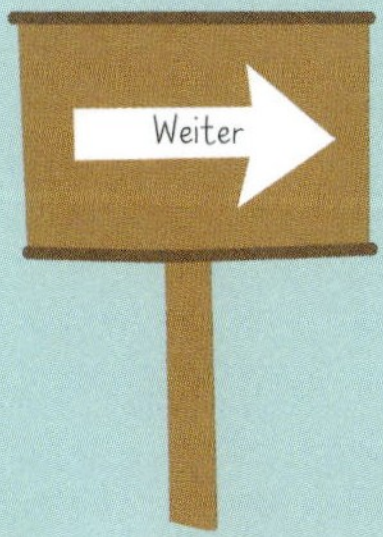

Eine perfekte Brezel

7 Schneide den Teig mit einem scharfen Messer sauber in 16 gleich große Stücke.

8 Rolle jedes Teigstück zwischen den Handflächen. Lege die Teigstücke auf die Arbeitsfläche.

9 Rolle den Teig dann auf der Arbeitsfläche, sodass er immer länger wird. Am Ende soll jedes Stück 45 cm lang sein.

10 Wenn er sich nicht gut lang ziehen lässt, halte ihn an beiden Enden fest und drehe ihn in einer Kreisbewegung wie ein Springseil.

11 Lege die Teigenden übereinander, sodass sich ein Kreis bildet.

12 Nun verschlinge die Enden miteinander, als würden sie sich unterhaken.

13 Drücke die Enden fest. Die Brezel sieht nun noch sehr locker aus.

14 Forme insgesamt 16 Brezeln. Lege sie auf ein mit Backpapier ausgelegtes Backblech.

15 Decke sie mit Frischhaltefolie zu. Lass sie an einem warmen Ort 30 Minuten gehen, bis sie etwas größer geworden sind.

16 Heize den Backofen auf 200 °C vor. Verrühre das Natron mit dem kochend heißen Wasser.

17 Bestreiche die Brezeln damit. So werden die Brezeln beim Backen außen dunkel und bekommen eine Kruste.

18 Bestreue die eingepinselten Brezeln mit Meersalzflocken oder Sesamsamen. Backe sie 15 Minuten.

19 Nimm die Brezeln aus dem Backofen und bestreiche sie mit verquirltem Ei. Backe sie weitere 5 Minuten.

20 Nimm die Brezeln aus dem Backofen. Sie sollten nun dunkelbraun sein und schön glänzen.

21 Lass sie auf einem Kuchengitter mindestens 5 Minuten abkühlen.

In der Bäckerei

Das Brot vom Bäcker wird ein wenig anders hergestellt als das Brot, das du zu Hause selbst backst. Die meisten Bäcker verwenden Maschinen, damit sie schnell und einfach eine große Menge Teig herstellen können.

1 LIEFERN

Das Mehl wird zur Bäckerei gebracht. Der Bäcker bekommt jede Woche eine große Menge Mehl. Oft wird das Mehl sogar täglich geliefert.

Für 1000 Brote braucht ein Bäcker 32 Säcke Mehl von jeweils 16 kg.

6 ZWEITES GEHEN

In den Backformen gehen die Brotlaibe ein zweites Mal.

7 BACKEN

Die großen Bleche mit Brot werden in riesige Öfen geschoben. Bäckeröfen haben mehrere Einschübe. So können viele Laibe gleichzeitig gebacken werden.

8 ABKÜHLEN

Das gebackene Brot muss gut abkühlen. Dann wird es aus der Form genommen.

9 SCHNEIDEN

Brot aus der Fabrik wird oft direkt geschnitten. Brot vom Bäcker kommt als ganzer Laib in den Bäckerladen und wird dort geschnitten, wenn du es möchtest.

2 MISCHEN

Die meisten Bäcker mischen oder kneten ihren Teig nicht mit der Hand. Die Zutaten kommen in eine große Rührmaschine, die alles bei hoher Geschwindigkeit vermischt.

3 GEHEN

Der Teig muss jetzt ruhen. Während die Hefe arbeitet, geht er langsam auf.

4 TEILEN

Nach dem Gehen wird der Teig in Stücke geteilt. Große Bäckereien haben dafür auch eine Maschine.

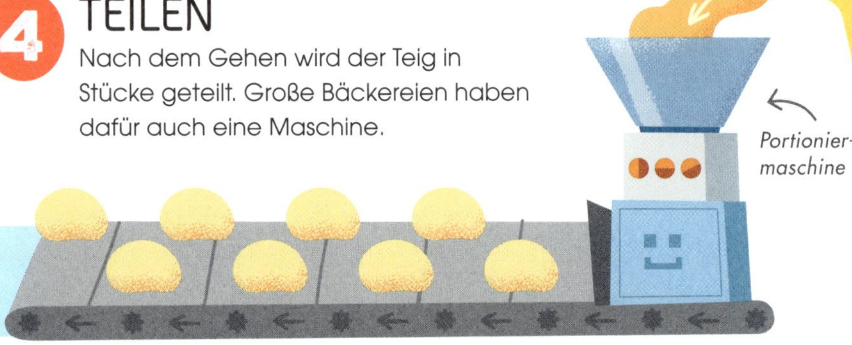

5 FORMEN

Die Laibe werden geformt und in die Backformen gelegt.

Die Brotlaibe können in der Backform oder auf dem Backblech gebacken werden.

10 VERKAUFEN

Das frisch gebackene Brot kann direkt verkauft werden. Köstlich!

Damit das Brot früh am Morgen fertig gebacken ist, steht der Bäcker in der Nacht auf, oft schon um 4 Uhr oder noch früher!

Focaccia

Focaccia ist ein italienisches Fladenbrot mit kleinen Dellen. Es wird häufig mit Kräutern, Käse, Tomaten und Oliven verfeinert.

20 Min. Vorbereitung | 2 Std. Gehzeit, 20–25 Min. Backzeit | Für 8 Personen

Zutaten:

- 4 EL Olivenöl, plus mehr zum Einfetten und Beträufeln
- 350 g Weizenmehl Type 550
- 2 TL Trockenhefe
- 1 TL Salz
- 250 ml lauwarmes Wasser
- einige Zweige Rosmarin
- Meersalz, zum Bestreuen

Außerdem:

- Backform (28 × 18 cm)

1 Streiche die Backform mit etwas Olivenöl aus. Gib das Mehl in eine große Schüssel und rühre Hefe und Salz unter.

2 Drücke in die Mitte eine Mulde und gieße das lauwarme Wasser und 4 EL Olivenöl hinein. Vermenge alles zu einem glatten Teig.

3 Knete den Teig 10 Minuten gut durch. Lege ihn in eine saubere Schüssel und decke ihn mit einem Geschirrtuch zu. Lass ihn an einem warmen Ort 1 Stunde gehen.

4 Drücke den Teig in die Form, sodass sie ganz ausgefüllt ist. Decke den Teig mit Frischhaltefolie zu. Lass ihn an einem warmen Ort noch 1 Stunde gehen.

5 Heize den Backofen auf 200 °C vor. Drücke mit den Fingerspitzen kleine Dellen in den Teig und träufle etwas Öl hinein. Bestreue den Teig mit Salz und Rosmarin. Backe ihn im Backofen 20–25 Minuten, bis er goldgelb und knusprig ist.

Focaccia wird schon seit über 2000 Jahren gebacken!
Olivenöl mit Balsamico-Essig zum Dippen

Einfaches Sauerteigbrot

Das Brot wird mit einem besonderen lebenden Triebmittel gebacken, dem sogenannten Sauerteig. Er verleiht ihm einen leicht säuerlichen Geschmack und eine feste, knackige Kruste.

40 Min. Vorbereitung | 7–11 Std. Gehzeit (über Nacht), 35–40 Min. Backzeit | 2 Brote

Der Sauerteig muss 3–5 Tage vorher zubereitet werden.

Für den Sauerteig:

- 1 EL Trockenhefe
- 250 g Weizenmehl Type 550
- 500 ml lauwarmes Wasser

Für den Teig:

- 1 kg Weizenmehl Type 550, plus mehr zum Bestreuen
- 625 ml lauwarmes Wasser
- 2 TL Salz
- 25 g Honig
- Pflanzenöl, zum Einfetten
- Polenta (feiner Maisgrieß), zum Bestreuen

Außerdem:

- 2 Schüsseln (Ø 20 cm)
- 4 saubere Geschirrtücher
- Eiswürfel

Den Sauerteig zubereiten:

Sauerteig ist eine Art lebende Hefe. So bereitest du ihn zu und hältst ihn am Leben:

1. Verrühre die Hefe und das Mehl in einer Schüssel mit dem Wasser. Lass sie zugedeckt an einem warmen Ort 24 Stunden stehen. Der Sauerteig bildet Bläschen und riecht säuerlich. Rühre ihn um und decke ihn wieder zu. Dann 2–4 Tage lang jeden Tag umrühren.

2. Träufle 1 TL Sauerteig in warmes Wasser. Wenn er fertig ist, schwimmt er oben – du kannst ihn jetzt zum Backen verwenden oder kühl stellen. Wirf den Sauerteig weg, wenn er schimmelt oder eklig riecht.

TIPP: Wenn du 250 ml Sauerteig verwendest, gib 125 g Mehl und 250 ml lauwarmes Wasser zu dem Rest. So hältst du deinen Sauerteig am Leben. Nimm dann jede Woche 100 ml ab und gib 100 g Mehl und 100 ml lauwarmes Wasser dazu.

Den Teig zubereiten:

3 Verrühre deinen Sauerteig mit 200 g Mehl und 200 ml lauwarmem Wasser. Vermenge 30–60 Sekunden alles gründlich mit den Händen oder einem Kochlöffel.

4 Bestreue die Mischung mit 3 EL Mehl, decke die Schüssel mit einem feuchten Geschirrtuch zu und lass den Sauerteig an einem warmen Ort 6–8 Stunden gehen. Der Sauerteig hat nun seine Größe verdoppelt und wirft Bläschen. Wiege 300 g davon ab.

5 Gib die 300 g Sauerteig in eine Schüssel. Verrühre ihn mit der Hälfte des Mehls, Salz, Honig und 425 ml lauwarmem Wasser. Rühre das restliche Mehl unter. Den restlichen Sauerteig kannst du im Kühlschrank aufbewahren und weiter füttern.

6 Lege den Teig auf eine bemehlte Arbeitsfläche. Bestreue ihn und deine Hände mit Mehl und knete ihn 10 Minuten. Dann lässt er sich zu einer Kugel formen. Bestäube die Arbeitsfläche mit mehr Mehl, falls nötig.

7 Fette eine Schüssel mit Öl ein. Wende den Teig darin, damit er eingeölt ist. Decke die Schüssel mit einem feuchten Geschirrtuch zu. Lass den Teig an einem warmen Ort 2–3 Stunden gehen, bis er doppelt so groß ist.

8 Lege die beiden Schüsseln mit den Geschirrtüchern aus und bestäube sie mit Mehl (oder verwende Gärkörbchen). Knete den Teig auf einer bemehlten Arbeitsfläche und falte ihn einige Male zusammen.

9 Teile den Teig in zwei Hälften. Forme jede Hälfte zu einer lockeren Kugel. Lege die Kugeln umgedreht in die vorbereiteten Schüsseln. Decke sie mit trockenen Geschirrtüchern zu und stelle sie über Nacht in den Kühlschrank.

10 Heize den Backofen auf 230 °C vor. Schiebe ein tiefes Backblech unten in den Backofen. Bestreue zwei Backbleche mit Polenta. Stürze die Teigkugeln auf die vorbereiteten Backbleche. Mache mit einem scharfen Messer drei 1 cm tiefe Schnitte in jedes Brot. Dann schneide sie überkreuz ein, sodass ein Muster entsteht.

11 Schiebe die Brote in den vorgeheizten Backofen und gib vorsichtig Eiswürfel in das heiße tiefe Backblech. So entsteht Dampf im Ofen. Backe die Brote 20 Minuten, stelle die Temperatur dann auf 200 °C und backe die Brote weitere 15–20 Minuten. Lass sie auf einem Kuchengitter abkühlen.

Drei-Königs-Brioche

Sie sieht aus wie eine Königskrone und wird traditionell zum Drei-Königs-Tag am 6. Januar gegessen. An diesem Tag kamen die heiligen drei Könige in Bethlehem an.

25 Min. Vorbereitung | 4–6 Std. Gehzeit, 25–30 Min. Backzeit | Für 10–12 Personen

Zutaten:

- 2½ TL Trockenhefe
- 2 EL Zucker
- 2 EL lauwarmes Wasser
- 5 Eier, verquirlt
- 375 g Weizenmehl, Type 550, plus mehr zum Bestäuben
- 1½ TL Salz
- Pflanzenöl, zum Einfetten
- 175 g Butter, gewürfelt und weich

Für die Verzierung:

- 1 Ei, verquirlt
- 50 g getrocknete oder kandierte Früchte (z. B. Cranberries, Orangenschale o. Ä.)
- 25 g grober Streuzucker (nach Belieben)

Außerdem:

- 1 Kranzform (Ø 25 cm) oder 1 rundes ofenfestes Förmchen

Cranberrys

1 Verrühre Hefe und Zucker mit dem lauwarmen Wasser. Lass die Mischung 10 Minuten stehen. Rühre dann die Eier unter.

2 Siebe Mehl und Salz in eine große Schüssel.

3 Drücke in die Mitte des Mehls eine Mulde und gieße die Hefe-Eier-Mischung hinein.

4 Mische zuerst mit einer Gabel, dann mit den Händen alles zusammen, sodass sich ein Teig bildet. Lege den Teig auf eine mit Mehl bestäubte Arbeitsfläche.

5 Knete den Teig 10 Minuten. Lege ihn in eine eingeölte Schüssel und decke ihn mit Frischhaltefolie zu. Lass ihn an einem warmen Ort 2–3 Stunden gehen.

6 Lege ihn anschließend auf eine mit Mehl bestäubte Arbeitsfläche und drücke ihn mit der Faust zusammen.

7 Verteile ein Drittel der Butter auf der Hälfte des Teigs. Schlage die andere Teighälfte über die Butter und knete 5 Minuten. Wiederhole den Schritt, bis die ganze Butter eingearbeitet ist. Knete weiter, bis die Butter gut verteilt ist.

8 Forme den Teig zu einem Ring. Streiche eine Kranzform mit Öl aus und lege den Teigring hinein oder lege ihn auf ein geöltes Blech und stelle in die Mitte das Förmchen.

9 Decke den Teig mit Frischhaltefolie und einem Geschirrtuch zu. Lass ihn an einem warmen Ort 2–3 Stunden gehen, bis er doppelt so groß geworden ist. Heize den Backofen auf 200 °C vor.

Das ist wirklich ein Brot für einen König!

10 Bestreiche den Teig mit dem verquirlten Ei. Bestreue ihn mit kandierten Früchten und Streuzucker (falls verwendet). Backe die Brioche 25–30 Minuten im Backofen, bis sie goldbraun ist. Lass sie kurz abkühlen und stürze sie auf ein Kuchengitter.

Die Früchte funkeln auf der Brioche wie Edelsteine.

Schildkröten-Brötchen

Diese Brötchen mit der lustigen Form zu backen, ist gar nicht schwer. Sie schmecken einfach so, du kannst sie aber auch aufschneiden und bestreichen.

55 Min. Vorbereitung | 2 Std. Gehzeit, 15–18 Min. Backzeit | 8 Brötchen

Zutaten:

- 150 ml Milch, plus mehr, falls nötig
- 60 g Butter, gewürfelt, plus mehr zum Einfetten
- 2 EL Zucker
- 3 TL Trockenhefe
- 2 Eier, plus 1 Eigelb, zum Bestreichen
- 2 TL Salz
- 550 g Weizenmehl Type 550, plus mehr zum Bestäuben
- Zuckerguss aus der Tube, zum Verzieren
- 16 Rosinen, zum Verzieren

1 Koche die Milch auf. Gib 4 EL Milch in eine kleine Schüssel und lass sie abkühlen. Rühre Butter und Zucker in die restliche Milch im Topf, bis beides geschmolzen ist. Lass die Milch lauwarm abkühlen.

2 Streue die Hefe auf die 4 EL Milch und warte 5 Minuten. Rühre alles einmal um. Verquirle die Eier in einer großen Schüssel. Füge die süße Milch aus dem Topf, das Salz und die aufgelöste Hefe hinzu.

3 Rühre nach und nach das Mehl unter, bis sich der Teig zur Kugel formt und weich und klebrig ist. Wenn er noch zu trocken ist, gieße langsam noch bis zu 50 ml Milch hinzu.

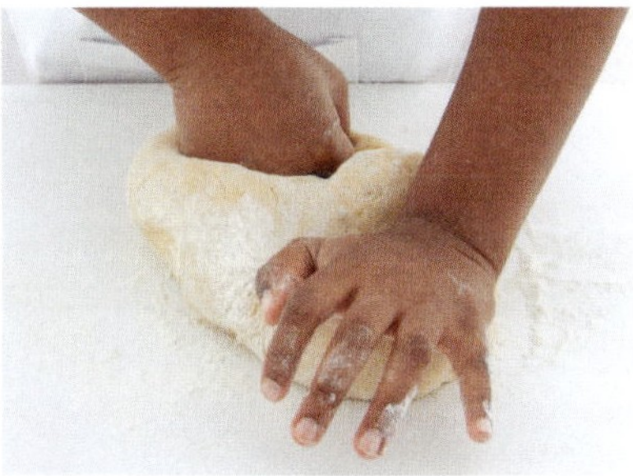

4 Knete den Teig 5–7 Minuten auf einer bemehlten Arbeitsfläche. Decke ihn in einer gefetteten Schüssel zu und lass ihn an einem warmen Ort 1½ Stunden gehen, bis er doppelt so groß ist.

5 Drücke den Teig mit der Faust zusammen und lege ihn auf eine mit Mehl bestäubte Arbeitsfläche.

6 Schneide den Teig mit einem scharfen Messer in zwei gleich große Teile.

7 Schneide eine Hälfte vorsichtig in 8 gleich große Stücke. Das werden die Körper der Schildkröten. Lege zwei Backbleche mit Backpapier aus.

8 Rolle jedes der 8 Teigstücke zu einer Kugel. Lege die Kugeln auf die vorbereiteten Backbleche. Teile den restlichen Teig in drei Portionen.

9 Forme aus zwei Teigportionen 8 Kugeln für die Köpfe. Dann rolle aus dem restlichen Teig 32 kleinere Kugeln für die Füße. Bestreiche die Kugeln mit Wasser und setze die Schildkröten zusammen.

10 Decke die Schildkröten mit einem Geschirrtuch zu. Lass sie an einem warmen Ort 30 Minuten gehen. Ritze in jeden Rücken ein Kreuzmuster.

11 Heize den Backofen auf 220 °C vor. Verquirle das Eigelb mit 1 EL Wasser. Pinsele die Brötchen mit dem verquirlten Eigelb ein.

12 Backe sie 15–18 Minuten, bis sie braun sind. Lass sie dann auf einem Kuchengitter abkühlen. Klebe mit einem Tropfen Zuckerguss die Rosinenaugen auf.

Zimtschnecken

Wenn du solche weichen, süßen Schnecken zum Frühstück essen möchtest, kannst du den Teig in Schritt 11 über Nacht im Kühlschrank gehen lassen.

40 Min. Vorbereitung | 3–4 Std. Gehzeit, 25–30 Min. Backzeit | Für 10–12 Personen

Zutaten:

- 100 g Butter, plus mehr für die Form
- 125 ml Milch
- 125 ml Wasser
- 2 TL Trockenhefe
- 50 g Zucker
- 550 g Weizenmehl Type 405, plus mehr zum Bestäuben
- 1 TL Salz
- 1 Ei, plus 2 Eigelb
- Pflanzenöl, zum Einfetten

Für Füllung und Guss:

- 3 EL gemahlener Zimt
- 100 g brauner Zucker
- 25 g Butter, zerlassen
- 1 Ei, leicht verquirlt
- 4 EL weißer Zucker

Außerdem:

- 1 Springform (Ø 30 cm)

1 Erwärme die Butter mit der Milch und dem Wasser, bis die Butter schmilzt. Lass sie lauwarm abkühlen. Rühre die Hefe und 1 EL Zucker unter und lass alles 10 Minuten zugedeckt stehen.

2 Mische Mehl, Salz und den restlichen Zucker in einer großen Schüssel. Drücke eine Mulde in die Mitte und gieße die warme Milchmischung hinein.

3 Verrühre in einer kleinen Schüssel das Ei und die Eigelbe. Gib die Eiermasse zur Mehlmischung und verarbeite alles zu einem groben Teig.

4 Knete den Teig 10 Minuten auf einer mit Mehl bestäubten Arbeitsfläche. Gib etwas mehr Mehl dazu, falls der Teig noch klebt.

5 Lege den Teig in eine eingeölte Schüssel und decke ihn mit Frischhaltefolie zu. Stelle ihn für 2 Stunden an einen warmen Ort, bis er gut aufgegangen ist.

6 Für die Füllung mische 2 EL Zimt mit dem braunen Zucker.

7 Wenn der Teig gut aufgegangen ist, lege ihn auf eine bemehlte Arbeitsfläche und drücke ihn mit den Fäusten zusammen. Rolle ihn dann zu einem 40 × 30 cm großen Rechteck aus.

8 Pinsele ihn mit der Butter ein und bestreue ihn mit dem Zimtzucker. Lass an einer Seite einen 1 cm breiten Rand frei und bestreiche ihn mit Ei. Drücke den Zimtzucker mit der Hand fest.

9 Rolle den Teig zu dem mit Ei bestrichenen Rand hin möglichst fest auf.

10 Schneide die Rolle mit einem Messer mit Wellenschliff in 10–12 gleich große Stücke. Achte darauf, dass du die Schnecken nicht zerquetscht. Fette die Form ein und lege den Boden mit Backpapier aus.

11 Lege die Schnecken in die Form und decke sie mit Frischhaltefolie zu. Lass sie an einem warmen Ort 1–2 Stunden gehen. Heize den Backofen auf 180 °C vor.

12 Pinsele die Schnecken mit Ei ein und backe sie 25–30 Minuten. Erhitze 3 EL Wasser und 2 EL weißen Zucker, bis sich der Zucker auflöst. Pinsele die Schnecken damit ein. Bestreue sie mit einem Mix aus dem restlichen Zucker und Zimt. Lass sie auf einem Kuchengitter etwas abkühlen.

Natronbrot

Schneller und einfacher kannst du kein Brot backen. Du brauchst den Teig nur kurz zu kneten und er muss auch nicht lange gehen.

15 Min. Vorbereitung | 35–40 Min. Backzeit | 1 Brot

Zutaten:

- Butter, zum Einfetten
- 500 g Weizenvollkornmehl, plus mehr zum Bestäuben
- 1½ TL Natron
- 1½ TL Salz
- 500 ml Buttermilch, plus mehr, falls nötig

1 Heize den Backofen auf 200 °C vor. Fette ein Backblech mit Butter ein.

2 Siebe Mehl, Natron und Salz in eine große Schüssel und gib die Kleiereste aus dem Sieb hinzu.

3 Mische alles gründlich und drücke dann eine Mulde in die Mitte.

4 Gieße langsam die Buttermilch in die Mulde.

5 Vermenge mit den Händen alles zu einem weichen, leicht klebrigen Teig.

6 Vermenge den Teig nicht zu lange. Wenn er zu trocken wirkt, gib noch etwas Buttermilch dazu.

7 Lege den Teig auf eine mit Mehl bestäubte Arbeitsfläche und forme ihn zügig zu einem runden Brotlaib.

8 Lege den Laib auf das Backblech und drücke ihn flach, bis er 5 cm hoch ist.

9 Schneide mit einem scharfen Messer ein 1 cm tiefes Kreuz in die Oberseite.

10 Backe das Brot 35–40 Minuten, bis es goldbraun ist. Nimm es anschließend vorsichtig aus dem Backofen.

11 Wenn es ein wenig abgekühlt ist, drehe das Brot um und klopfe auf die Unterseite. Das Geräusch sollte hohl klingen.

12 Lass das Brot auf einem Kuchengitter vollständig abkühlen. Dann kannst du es anschneiden.

Brot in Zahlen

Brot ist für viele Menschen auf der Welt ein Grundnahrungsmittel. Zum Schluss einige Fakten rund ums Brot.

Getreide wurde erstmals vor 11 000 Jahren angebaut.

IN FRANKREICH BRINGT ES ANGEBLICH UNGLÜCK, WENN EIN BROT AUF DEM KOPF LIEGT.

CHINA PRODUZIERT MEHR GETREIDE ALS JEDES ANDERE LAND DER WELT.

Bei Ausgrabungen in den Ruinen der antiken Stadt Herculaneum fanden Forscher ein fast **2000** Jahre altes Brot, das noch immer im Ofen lag. Wissenschaftler haben später das Rezept rekonstruiert.

Rúgbrauð ist ein Brot aus Island. Zum Backen wird es in einem Topf neben einer heißen Quelle in der Erde vergraben.

Brot symbolisiert

WILLKOMMEN in Russland.

Die privaten Haushalte in Deutschland kaufen rund 1 681 000 Tonnen Brot im Jahr.

Otto Frederick Rohwedder erfand 1928 in Michigan (USA) die erste Brotschneidemaschine. 1933 wurden bereits 80% der in den USA verkauften Brote geschnitten und abgepackt.

Die Bäckerei Boudin in San Francisco (USA) backt seit 1849 Brot mit

SAUERTEIG.

Sie verwendet immer noch den Original-Sauerteig.

Das längste jemals gebackene Brot war 1211,6 m lang.

EIN MÄHDRESCHER BRAUCHT NUR 9 SEKUNDEN, UM GENUG GETREIDE FÜR 70 BROTE ZU ERNTEN.

MAN BRAUCHT ETWA 350 GETREIDEÄHREN, UM GENUG MEHL FÜR EIN BROT VON ETWA 800 G ZU MAHLEN.

Ein Getreidekorn ergibt **20 000** Mehlpartikel.

Jeder Deutsche isst etwa **84 KG** Brot im Jahr.

Brot sollte man nicht im Kühlschrank aufbewahren – es wird dort sechsmal schneller alt als bei Zimmertemperatur.

Als es noch keinen Radiergummi gab, entfernte man Bleistiftstriche mit dem weichen Inneren des Brots.

Deutschland hat mehr Brotspezialitäten als jedes andere Land der Welt.

3000

WEIT ÜBER 90% DER DEUTSCHEN ESSEN TÄGLICH BROT UND BACKWAREN.

Gebacken wurde es mit 4844 kg Mehl in Portugal.

Begriffe

BACKPAPIER
Ein beschichtetes Papier, mit dem Backbleche oder Formen ausgelegt werden, damit der Teig nicht festklebt.

BETRÄUFELN
Flüssigkeit wird tropfenweise zugegossen.

EINFETTEN
Backformen oder Bleche werden mit weicher Butter oder Öl eingepinselt, damit der Teig nicht festklebt.

EINSCHNEIDEN
Flache Schnitte auf der Oberseite des Teigs anbringen.

ENDOSPERM
Der innere Teil eines Weizenkorns.

GEHEN LASSEN
Den Teig an einen warmen Ort stellen, damit die Hefe gut arbeiten kann. Der Teig wird dabei größer. Manchmal muss er auch zweimal gehen.

GLUTEN/ KLEBEREIWEISS
Ein im Getreide enthaltenes Eiweiß, das dafür sorgt dass Mehl und Wasser sich zu einem elastischen Teig verbinden.

HEFE
Einzellige Pilze. Hefe wird zu Mehl, Wasser und Salz hinzugefügt und lässt den Teig aufgehen.

KNETEN
Der Teig wird mit den Händen bearbeitet, bis er glatt und elastisch ist. So verteilt sich die Hefe und der Teig kann gut aufgehen.

KÖCHELN
Eine Flüssigkeit bei niedriger Temperatur erhitzen, sodass sie kleine Bläschen wirft, aber nicht brodelnd kocht.

KORN
Der Samen der Getreidepflanze.

LAUWARM
Leicht erwärmt, körperwarm.

MEHL
Ein Pulver, das durch das Mahlen essbarer Getreidekörner entsteht.

MÜHLE
Ein Betrieb, der Getreide zu Mehl verarbeitet.

MULDE
Eine kleine Vertiefung; in eine Mulde im Mehl wird zum Beispiel ein Ei geschlagen oder eine Flüssigkeit gegossen.

PORTIONSWEISE
In mehreren Portionen nacheinander etwas kochen oder backen, meist, wenn nicht genug Formen vorhanden sind oder nicht genug Platz im Backofen ist.

SCHLAGEN
Etwas schnell mit dem Schneebesen oder dem elektrischen Handrührgerät bearbeiten, um Luft hineinzubringen.

SIEBEN
Mit einem Sieb werden Klumpen aus den trockenen Zutaten entfernt.

SPREU
Die äußere Hülle des Getreidekorns.

STÜRZEN
Wenn die Form oder Pfanne vorsichtig umgedreht werden muss, um das Gebäck herauszunehmen.

TEIG
Die Mischung aus Mehl, Wasser, Salz und Hefe (und manchmal weiteren Zutaten), bevor sie zu Brot gebacken wird.

UNTERHEBEN
Zutaten werden vorsichtig vermischt, sodass noch viel Luft in der Mischung bleibt.

VERRÜHREN
Zutaten mit einem Löffel gleichmäßig mischen.

VORHEIZEN
Den Backofen auf die angegebene Temperatur erhitzen, bevor etwas gebacken wird.

Register

Lektorat Carrie Love, Penny Smith, Sarah Larter
Gestaltung und Bildredaktion Claire Patane, Diego Vaisberg, Eleanor Bates, Elaine Hewson, Polly Appleton, Charlotte Bull, Mabel Chan
Illustrationen Diego Vaisberg
Umschlaggestaltung Claire Patane, Dheeraj Arora, Carrie Love
Herstellung Abi Maxwell, John Casey

Für die deutsche Ausgabe:
Programmleitung Monika Schlitzer
Redaktionsleitung Martina Glöde
Projektbetreuung Janna Heimberg
Herstellungsleitung Dorothee Whittaker
Herstellungskoordination Arnika Marx
Herstellung Stefanie Staat

Titel der englischen Originalausgabe:
The Best Ever Bread Book

Übersetzung Birgit van der Avoort
Lektorat Carmen Söntgerath

Ein Teil der Inhalte
wurde aus folgenden Büchern übernommen:
Backen für Kids, Backen lernen Schritt für Schritt, Glutenfrei kochen und backen, Kochen lernen Schritt für Schritt, Kochschule für Kids, Meine erste Kochschule, Yummy Veggie!

ISBN 978-3-8310-4421-4

Druck und Bindung TBB, a.s., Slowakei

MIX
Papier aus verantwortungsvollen Quellen
FSC® C018179

www.dk-verlag.de

Dank

Der DK Verlag dankt folgenden Personen für die Mitarbeit an diesem Buch: Caroline Stamps für das Lektorat, Helen Peters für die Registererstellung, Denise Smart, die als Hauswirtschafterin das Fotoshooting betreut und das Sauerteigrezept entwickelt hat, Ruth Jenkinson für die Fotografie, Laura Nickoll für die Überprüfung der Rezepte, Cedric Nkouendje für seine Rolle als Handmodel, Anne Harnan für die Rezepttests, Myles Penny für die Zusatzinfos zum Mahlen, Vagisha Pushp für die Bildrecherche, Anne Damerell für juristische Beratung, Robin Moul und Dawn Sirett für die redaktionelle Unterstützung.

Bildnachweis
Der Verlag dankt folgenden Personen und Organisationen für die freundliche Genehmigung zum Abdruck von Fotos:

(Abkürzungen: o = oben, u = unten, m = Mitte, l = links, r = rechts, g = ganz, Hg = Hintergrund)

2 Alamy Stock Photo: Blickwinkel / Laule (gogr). **Dreamstime.com:** Claudio Rampinini (gor/Einkorn). **5 Dorling Kindersley:** Mattel INC (ul). **6 Getty Images / iStock:** bergamont (mugr). **7 Dorling Kindersley:** Design Museum, London (mr). **8 123RF.com:** Andrey Milkin (gor). **Dreamstime.com:** Dohnal (gol, mlu); Stocksnapper (ur). **9 Alamy Stock Photo**: Blickwinkel / Laule (gor). **Dreamstime.com:** Natthawut Nungensanthia (ur); Claudio Rampinini (ul). **Getty Images / iStock:** rvimages (gom). **Shutterstock.com:** PremiumVector (mru). **18 123RF.com:** Andrey Milkin (gom). **29 Alamy Stock Photo:** JG Photography (mru). **Dreamstime.com:** Mitgirl (gom). **30 Dreamstime.com:** Anan Punyod (mo). **31 Dreamstime.com:** Anan Punyod (gor). **32 Dreamstime.com:** Dohnal (ul). **38 Dreamstime.com:** Larisa Blinova (ul); Paul Brighton (mu); Foodmicro (mlo); Björn Wylezich (mru). **Getty Images / iStock:** bergamont (mro). **39 Alamy Stock Photo:** Food / Peter Forsberg (gom). **Getty Images / iStock:** nehopelon (mro). **Shutterstock.com:** Kenyannature (mr).

Cover: *Vorn:* **123RF.com:** Andrey Milkin (mlo); *Hinten:* **123RF.com:** Andrey Milkin (ul).

Alle anderen Fotos © Dorling Kindersley
Weitere Informationen unter: www.dkimages.com